BEI GRIN MACHT SICH IHR WISSEN BEZAHLT

- Wir veröffentlichen Ihre Hausarbeit, Bachelor- und Masterarbeit

- Ihr eigenes eBook und Buch - weltweit in allen wichtigen Shops

- Verdienen Sie an jedem Verkauf

Jetzt bei www.GRIN.com hochladen und kostenlos publizieren

Thomas vor der Sielhorst

Wie erstelle ich einen Vorschlag für eine Masterarbeit? (proposal)

Darstellung anhand eines Beispiels

GRIN Verlag

Bibliografische Information der Deutschen Nationalbibliothek:

Die Deutsche Bibliothek verzeichnet diese Publikation in der Deutschen National-
bibliografie; detaillierte bibliografische Daten sind im Internet über http://dnb.d-
nb.de/ abrufbar.

Impressum:

Copyright © 2012 GRIN Verlag GmbH
Druck und Bindung: Books on Demand GmbH, Norderstedt Germany
ISBN: 978-3-656-46716-8

Dieses Buch bei GRIN:

http://www.grin.com/de/e-book/230526/wie-erstelle-ich-einen-vorschlag-fuer-eine-
masterarbeit-proposal

GRIN - Your knowledge has value

Der GRIN Verlag publiziert seit 1998 wissenschaftliche Arbeiten von Studenten, Hochschullehrern und anderen Akademikern als eBook und gedrucktes Buch. Die Verlagswebsite www.grin.com ist die ideale Plattform zur Veröffentlichung von Hausarbeiten, Abschlussarbeiten, wissenschaftlichen Aufsätzen, Dissertationen und Fachbüchern.

Besuchen Sie uns im Internet:

http://www.grin.com/

http://www.facebook.com/grincom

http://www.twitter.com/grin_com

I

Vorschlag für ein Thema einer Masterarbeit (proposal)
anhand eines Beispiels:
Handelsmarken im Lebensmitteleinzelhandel - Marken mit Potential

Verfasser:

Thomas vor der Sielhorst, MSc / MBA

Studiengang:
Management

Angestrebter Abschluss:
Master of Science

Inhaltsverzeichnis

Vorschlag (proposal) für ein Thema einer Masterarbeit anhand eines Beispiels: Handelsmarken im Lebensmitteleinzelhandel - Marken mit Potential

Anhang – nicht gegeben

Quellenverzeichnis – nicht gegeben

Vorwort

Aufgrund der Begrenzung im Umfang der Arbeit habe ich vorgesehen, eine sachdienliche Auswahl von Themenschwerpunkten zu setzen. Um dennoch einen Gesamtüberblick über das vorgesehene Thema meiner Arbeit zu bekommen, ist es erforderlich, einige Aspekte detaillierter und andere weniger ausführlich zu betrachten, insbesondere, wenn dies für den Themenbezug nicht unbedingt erforderlich ist.

Der Schwerpunkt der Arbeit wird sich auf die Darstellung der Handelsmarken im Einzelhandel - den Fast Moving Consumer Goods (FMCG) -, also den schnelldrehende Artikeln des täglichen Bedarfs, die vom Einzelhandel an den Endverbraucher weiterverkauften Konsumgüter im Lebensmitteleinzelhandel (Food- und Near-Foodbereich), beziehen.

Die Untersuchung wird vor allem die Handelsmarken im deutschen Lebensmitteleinzelhandel in den Fokus stellen. Es soll jedoch darüber hinaus auch ein Blick über die nationalen Grenzen erfolgen.

Dieser Vorschlag für das Thema der Masterthesis ist auf ca. 1.000 Worte beschränkt und soll eine Zusammenfassung des Themas (abstract) von maximal 250 Worten beinhalten.

Handelsmarken im Lebensmitteleinzelhandel – Marken mit Potential

1 Einleitung

1.1 Vorläufiger Titel

Als vorläufiges Thema für meine geplante Masterarbeit habe ich den Titel: *„Handelsmarken im Lebensmitteleinzelhandel – Marken mit Potential"* ausgewählt.

Bezug zu diesem Thema habe ich durch meine Tätigkeit in Frankreich erhalten, wo ich als Projektleiter für die Erhöhung des Marktanteils der Eigenmarken in einer bestimmten Warengruppe - in einer Tochtergesellschaft - verantwortlich war. Ziel meiner Aufgabe war es, den Marktanteil der Eigenmarken dieser Warengruppe auf ein vergleichbares, europäisches Niveau innerhalb der Firmengruppe zu heben.
Bedingt dadurch erfolgte eine weiterführende Auseinandersetzung mit dem Thema Handelsmarken im Lebensmitteleinzelhandel.
In diesem Zusammenhang ergeben sich Fragen nach der generellen Entwicklung der Handelsmarken im Lebensmitteleinzelhandel, deren Begriffsdefinitionen, Arten, Funktionen und Möglichkeiten. Dies führte zu der Feststellung, dass es sich bei Handelsmarken um Marken handelt, die ein erhebliches Potential im Einzelhandel haben. Aufgrund dessen möchte ich in meiner Masterthesis mit dem Titel:
Handelsmarken im Lebensmitteleinzelhandel – Marken mit Potential
dies entsprechend darlegen.

1.2 Hintergrund und Kontext

Da der wirtschaftliche Erfolg im Lebensmitteleinzelhandel durch ein bedarfs-gerechtes Angebot, Warenverfügbarkeit sowie preisliche Wettbewerbs-fähigkeit gewährleistet wird, ist es entscheidend, in welcher Form und Ausprägung eine Differenzierung der eigenen Leistung zum Wettbewerb stattfindet. Die Sortimentsgestaltung mit Eigen- (Handels)marken ist für den Einzelhandel dabei ein entscheidender Faktor.

Das Wachstum der Handelsmarken hat sich in den letzten Jahren erheblich beschleunigt und einen beachtlichen Marktanteil erreicht, so dass Handelsmarken zu einem wichtigen Instrument im Marketing-Mix der Handelsunternehmen geworden sind. Handelsmarken werden eingeführt und ausgebaut, um das *Sortiment zu differenzieren* und auf *Kundenbedürfnisse einzugehen,* aber auch, um durch höhere Deckungsbeiträge die *Ertragslage und damit die Rendite zu verbessern.*

Handelsmarken im Einzelhandel sind daher zu Marken mit Potential geworden.

2. Hauptteil

2.1 Methodenanwendung

Diese Masterarbeit wird als *Literaturarbeit* im hermeneutisch-interpretativen Ansatz als Forschungsmethodik erstellt. Auf Basis vorhandener wissenschaftlicher Erkenntnisse erfolgt eine Analyse und kritische Betrachtung von Ausarbeitungen und Studien einzelner Themen, die anschließend verarbeitet und durch *eigene Ergänzungen* zu einem „erweiterten Ganzen" wieder zusammengefügt werden.

Es werden dabei aktuelle, sekundäre Forschungsergebnisse in der Arbeit berücksichtigt.

In meiner Masterthesis sollen dabei insbesondere die beiden Ebenen der wissenschaftstheoretischen Methodologie, die angewandte Forschung als *Begründungszusammenhang* und die *Verwendung wissenschaftlicher Erkenntnisse für die Praxis* berücksichtigt werden. Der Begründungszusammenhang wird durch *eigene ausführlichere Beschreibung* von Begriffen / Definitionen und Ausführungen und eine Verwertung dieser Erkenntnisse für die Praxis durch eine *Eigenbewertung verschiedener*

Sachverhalte erfolgen und ergänzt werden. Dabei sollen neue allgemeingültige Aussagen und Lösungsansätze, die teilweise auch durch eigene praktische Erfahrungen gewonnen wurden, als Entdeckungszusammenhang eingebunden werden.

2.2 Stand der Forschung und Problematik

Es wird eine ausführliche Darstellung zum Stand der wissenschaftlichen Forschung erfolgen. Dabei sollen Problemfelder innerhalb der folgenden Themenbereiche näher betrachten werden:

- die aktuelle Situation der Handelsmarken im Lebensmitteleinzelhandel
- Treiber, Einflussfaktoren und Erfolgsgründe der Handelsmarken
- Darstellung der Bedeutung und Nutzen der Markierung von Ware
- besondere Bedeutung einzelner Vertriebsformen
- Herausstellung der Gründe für die unterschiedliche Betrachtungen und Definitionen verschiedener Autoren
- Erläuterung der Instrumente und Strategien der Handelsmarkenpolitik
- Darstellung weiterer Entwicklungschancen von Handelsmarken

Die Ausführungen sollen dabei die zeitlichen Entwicklungen verschiedener Sachverhalte und Sichtweisen berücksichtigen, fehlende Formulierungen ergänzen und auf aktuelle neue Entwicklungen eingehen.

2.3 Ziele, Kernaussagen und Thesen

Das Ziel der vorliegenden Arbeit ist, die generelle Bedeutung von Handelsmarken im deutschen Lebensmitteleinzelhandel (LEH) darzustellen und aufzuzeigen, welches Potential in Eigenmarken steckt. Dabei werden entsprechende Kernaussagen getroffen und aufgestellt.
Insbesondere werden Daten und Fakten auf einen neueren Stand gebracht und aktualisiert. Eigene Ergänzungen erfolgen für bisher nicht klar definierte Aussagen in der Literatur.

Darüber hinaus soll herausgearbeitet werden, dass

- sog. „Gattungsmarken" nicht mehr gegeben sind
- die bisherige Dreiteilung „Gattungsmarken – Handelsmarken – Herstellermarken" durch eine neue Dreiteilung in „Segmente im unteren, mittleren und hochwertigen Bereich" ersetzt werden muss
- der Begriff „Premiummarken" erarbeitet und definiert werden muss
- „Premiummarken" sich in verschiedene Bereiche unterteilen lassen
- eine Anpassung der Begriffsdefinitionen auf den heutigen Stand der Wissenschaft und Praxis erfolgt
- Handelsmarken nur in bestimmten Warengruppen erfolgreich sind
- die Darstellung, das Handelsmarken nur in bestimmten Warengruppen im Wettbewerb zu Herstellermarken stehen
- aktualisierte Beschreibung der Einordnung der Handelsmarkentypen
- Einzelhändler durch gezielte Marketingmaßnahmen eine Hebelwirkung erzielen können
- durch eine Analyse und Bearbeitung der Warengruppen sich Renditeverbesserungen ergeben
- bei Kaufentscheidung für Handelsmarken statt durch bewusste Analyse auf Heuristiken als Orientierungshilfe zurückgegriffen wird
- Handelsmarken auch zukünftig eine enorme Entwicklung nehmen werden
- die Schaffung eines Überblicks über die Bedeutung von Handelsmarken in Deutschland und Europa

Zum besseren Verständnis und einer klarer Abgrenzung der einzelnen Ausführungen sollen durchgängig entsprechende aktualisierte und eigene Abbildungen erfolgen und einprägsame Beispiele aus dem Einzelhandel genannt werden.

2.4   Projektplanung

Die vorgesehene Masterdissertation kann gestartet werden, wenn die Voraussetzungen für den Studiengang erfüllt sind und alle vorherigen Module des MSc – Studienganges erfolgreich absolviert wurden. Diese Vorraussetzungen werden vom Verfasser erfüllt und sind vom Prüfungsamt bestätigt worden.

Für die Erstellung der Masterdissertation im Umfang von ca. 12.000 Worten wird ein Zeitraum von vier Monaten nach Genehmigung und Annahme des Themas zur Verfügung gestellt.

3 Zusammenfassung - Abstract

Das Image von Handelsmarken im Lebensmitteleinzelhandel hat sich im Laufe der Zeit zunehmend verändert. Zunächst als Basisprodukte (Gattungsmarken) in sehr eingeschränkten Warengruppen, dann als Handelsmarken im Preiseinstiegssegment als einziges Kaufmotiv vertrieben, werden heute Handelsmarken zusätzlich im mittleren (Imitationsmarken) und im höheren Segment (Gestaltungsmarken) durch die Konsumenten nicht nur akzeptiert, sondern vielfach als gleichwertige Marken zu Herstellermarken gesehen.

Der Verbraucher nimmt also Handelsmarken bereits als eigenständige Marken wahr, da sie gegenüber Herstellermarken eine gleiche bis bessere Qualität aufweisen, im Premiumsegment erhebliche Zusatznutzen aufweisen und mit einem sehr guten Preis-/Leistungsverhältnis ausgestattet sind.

So zeichnet sich ein steigender Marktanteil der Handelsmarken, der durch ein verändertes Verbraucherverhalten getrieben wird, ab. Durch verschiedene Markenstrategien und den Möglichkeiten des Einsatzes der Instrumente der Handelsmarkenpolitik kann der Einsatz von Handelsmarken ständig verbessert und ausgeweitet werden.

Der Handelsmarkenanteil wird, wie eine Betrachtung innerhalb Deutschlands und Europa`s zeigt, in Zukunft weiter steigen. Während der Anteil der Handelsmarken bei Discountern bereits einen Prozentsatz von 40 – 85% erreicht hat, werden auch die Vollsortimenter ihren Anteil auf bis zu 50% erhöhen.

Angesichts der geringen Rendite im Lebensmitteleinzelhandel sind Handelsmarken im Einzelhandel Marken mit Potential, denn sie können nicht nur die Rendite wesentlich beeinflussen, sondern ihr Anteil rundet das

Sortiment ab bzw. ersetzt dieses durch Auslistung von Herstellermarken. So kann sich der Einzelhandel von seinem Wettbewerb differenzieren und erreicht damit beim Konsumenten eine bessere Profilierung mit der Folge einer Verbesserung bei der Einkaufsstättenwahl und der Kundentreue.